SUPPLÉMENT.

DU GOUVERNEMENT

DE LA FRANCE

DEPUIS LA RESTAURATION,

ET DU MINISTÈRE ACTUEL.

CET OUVRAGE SE TROUVE,

A PARIS,

Chez BAUDOUIN frères, rue de Vaugirard, N°. 36;
MONGIE, boulevard Poissonnière, N°. 18;
BOSSANGE frères, rue Saint-André-des-Arts.

CHEZ LES MÊMES :

LETTRES SUR LA CENSURE DES JOURNAUX ET
SUR LES CENSEURS ; ou Extraits d'une Correspon-
dance inédite, relative aux affaires du temps ;
par ÉVARISTE DUMOULIN. Prix : 2 fr. 5o c. et 3 fr.
par la poste.

RÉPONSE AU MÉMOIRE DE Mᵉ. BERRYER, POUR
M. LE GÉNÉRAL DONNADIEU, contre les sieurs Rey,
Casenave et Régnier, suivie de pièces justificatives.
Troisième édition, augmentée d'une Réplique à
Mᵉ. Berryer, et de nouvelles pièces justificatives ;
par M. le COMTE DE SAINT-AULAIRE. Prix : 2 fr.
5o cent. , et 3 fr. par la poste.

CLOVIS, tragédie en cinq actes, par M. VIENNET.
Prix : 3 fr., et 3 fr. 5o c. par la poste.

LES SÉDUCTIONS, roman d'une jeune dame, annoncé
depuis long-temps, et attendu avec impatience.
4 vol. in-12. Prix : 10 fr., et 12 fr. par la poste.

AVIS POUR LE RELIEUR.

L'Avant-Propos doit être placé avant la Préface, et la Note III après la
Note II, à la fin de l'Ouvrage.

IMPRIMERIE DE FAIN, PLACE DE L'ODÉON.

SUPPLÉMENT
AUX DEUX PREMIÈRES ÉDITIONS.

DU GOUVERNEMENT

DE LA FRANCE

DEPUIS LA RESTAURATION,

ET DU MINISTÈRE ACTUEL;

PAR F. GUIZOT.

« Il y a plaisir d'être dans un vaisseau
battu de l'orage, lorsqu'on est assuré
qu'il ne périra point. »

(*Pensées* de Pascal, t. 2, p. 225, édit.
de P. Didot.)

PARIS,

A LA LIBRAIRIE FRANÇAISE DE LADVOCAT,
ÉDITEUR DES FASTES DE LA GLOIRE,

PALAIS-ROYAL, GALERIE DE BOIS, N°. 195.

M. DCCC. XX.

AVANT-PROPOS

DE LA TROISIÈME ÉDITION

Cᴇᴛ ouvrage a été l'objet de beaucoup d'attaques. Elles n'étaient point imprévues pour moi. Dans l'état actuel du monde politique, embrasser une cause, c'est accepter une guerre. D'ailleurs, ce n'est pas d'aujourd'hui, ni en publiant ce livre, que j'ai encouru pour la première fois l'animadversion du parti qui s'en montre si irrité : je n'ai donc nul dessein et nul droit de me plaindre de sa colère. C'est sans étonnement que je lis les calomnies et les injures de ses journaux. Un parti ne manque jamais d'hommes qui se chargent de lui rendre ce grossier et honteux service. Qu'ils continuent : leur cynisme ne parviendra point à épuiser mon mépris.

Mais je pense en même temps que, dans un pays libre, tout homme qui se mêle ou qui parle des affaires publiques, doit quelque attention aux objections qui lui sont adressées, lorsqu'elles ont une apparence sérieuse et ne portent pas l'empreinte évidente de la mauvaise foi. Les partis sont plus sincères qu'on ne le suppose communément. Dans leurs reproches, dans leurs mensonges, dans leurs imputations même les plus absurdes, il y a presque autant d'erreur que d'intention. Quand ils se refusent si obstinément à la vérité, ce n'est pas seulement parce qu'ils ne la veulent pas, c'est aussi parce qu'ils ne la voient point. Leurs yeux ont, pour ainsi dire, la faculté de s'ouvrir ou de se fermer selon leurs désirs. Ce qui est clair leur paraît réellement obscur. Ce qui est prouvé demeure pour eux incertain ou même faux. Ils vivent plongés dans leurs propres ténèbres; et quand la lumière essaie d'y pénétrer, elle leur est à la fois insupportable et douteuse. La vérité se doit à elle-même de poursuivre sans relâche cet aveuglement qui n'est pas tout volontaire. Méconnue, qu'elle reparaisse sous de nouvelles formes; rebutée, qu'elle persiste à se produire : la persévérance dans la défense de la vérité est plus honorable et plus utile que l'orgueil du silence.

Bien donc que les objections qui m'ont été faites me paraissent peu solides et réfutées d'avance par l'ouvrage même qui les a suscitées, bien qu'il me soit difficile d'ajouter foi à leur pleine sincérité, bien qu'en y répondant je n'espère point les empêcher de se reproduire, je saisis volontiers cette occasion de revenir sur quelques-unes des idées auxquelles elles se rapportent. Je n'ai rien à rétracter, et il me reste beaucoup à dire.

Par une singularité assez remarquable, bien que naturelle, le parti qui s'est élevé si vivement contre cet ouvrage a peu attaqué tout ce qui a trait à notre situation présente, au système politique adopté par le ministère, aux symptômes qui le manifestent, aux conséquences qui en découlent. C'est cependant là ce qui touche de plus près aux intérêts comme aux passions, ce qui doit exciter d'abord leur sollicitude. C'est aussi ce que je me suis surtout proposé de traiter, et ce qu'il importe le plus d'examiner. Mais il semble qu'on se soit peu soucié d'aborder des questions où la discussion est obligée à la franchise, où toutes choses sont vives et claires, où les adversaires se connaissent, s'entendent et peuvent s'appeler par leur nom. On a préféré s'en tenir à ces questions générales qu'une politique qui veut rendre raison d'ellemême, en traitant des circonstances les plus récentes, a toujours besoin d'indiquer et de résoudre, mais sur lesquelles elle ne peut ni ne doit s'arrêter long-temps. Je ne dirai pas qu'on a choisi ce terrain parce qu'il est plus vague et qu'on y réussit plus aisément à éluder la lumière. J'ignore si la censure eût permis, même à ceux pour qui elle est forcée de se montrer indulgente, une discussion plus directe et moins étrangère aux événemens qui nous pressent. C'est un fait que je relève sans prétendre en assigner les causes.

Du reste, je suis bien aise qu'on m'ait fourni par-là un motif d'expliquer avec quelque développement des opinions et des termes dont je me suis servi comme d'un point de départ, sans pouvoir en faire l'objet d'un examen un peu étendu.

La révolution et la contre-révolution, la France nouvelle et l'ancien régime, ce sont là les deux puissances dont j'ai voulu établir la situation respective depuis la restauration et aujourd'hui même. Mon ouvrage n'a pas un autre dessein. Il fallait donc, dès l'abord, nommer ces deux puissances, et déterminer le caractère général et dominant de leurs rapports. Je l'ai vu dans la guerre « tantôt publique et » sanglante, tantôt intérieure et purement » politique » que se sont faite, durant le cours de notre monarchie, d'une part la noblesse et le clergé, de l'autre le tiers-état. La révolution m'a paru le dénoûment de cette guerre, c'est-à-dire, la

victoire définitive du tiers-état « sur la no-
» blesse et le clergé, qui avaient long-
» temps possédé la France et le tiers-état
» lui-même. »

En exprimant ce fait, j'étais fort loin de
prétendre à l'honneur d'une découverte ou
seulement d'une nouveauté. Je ne voulais
que résumer l'histoire politique de la
France. La lutte des ordres remplit ou
plutôt fait toute cette histoire. On savait
et on disait cela bien des siècles avant la révolution. On le savait et on le disait en
1789. On le savait et on le disait il y a trois
mois. Bien qu'on m'accuse maintenant
pour l'avoir dit, je ne pense pas que personne l'ait oublié. Les faits ne s'évanouis-
sent point selon le bon plaisir et pour la
commodité momentanée des ministères et
des partis.

Que dirait M. de Boulainvilliers si, re-
venu parmi nous, il entendait nier que le
tiers-état ait fait la guerre à la noblesse,
qu'il ait lutté constamment pour lui enle-
ver ses priviléges et devenir son égal? Que
diraient tant de bourgeois courageux en-

voyés aux états-généraux pour conquérir ou défendre les droits de leur ordre, s'ils ressuscitaient pour apprendre que la noblesse n'a pas fait la guerre au tiers-état, qu'elle ne s'est pas alarmée de le voir naître, indignée de le voir grandir, qu'elle ne s'est pas toujours opposée à ses progrès dans la société et dans le pouvoir? Que sont devenus ces éloges si souvent donnés à nos rois pour la protection qu'ils ont accordée aux communes, pour leur habileté à détruire la puissance des seigneurs? Qu'a-t-on fait de cette colère contre Philippe-le-Bel, contre Louis XI, contre le cardinal de Richelieu, contre Louis XIV lui-même, qui n'ont cessé de combattre l'aristocratie du royaume, en appelant le tiers-état à leur secours? Descendans dégénérés de cette race qui a dominé un grand pays et fait trembler de grands rois, quoi! vous reniez vos ancêtres et votre histoire! Parce que vous vous sentez déchus, vous protestez contre votre splendeur passée! Parce que nous vous demandons de n'être plus que nos égaux,

vous vous défendez d'avoir été nos maîtres! Et vous ne craignez pas que vos aïeux
ne vous désavouent? Vous ne craignez pas
que, reparaissant avec la fierté de leur
ancienne situation, avec les signes de leur
ancienne puissance, ils ne reviennent pro-
clamer qu'en effet ils ont vaincu, ils ont régné, qu'ils ont été long-temps seuls libres et
seuls forts? Renoncez à ce misérable arti-
fice; ne donnez pas un injuste démenti à ce
qui fit l'orgueil de vos pères. Consentez à
devenir des citoyens, et vous ne serez pas
réduits à nier vos siècles de domination et
de victoire.

J'éprouverais quelque honte, je l'avoue,
à être obligé de reprendre ici l'histoire de
France, et de prouver, moi bourgeois,
aux adversaires de l'égalité constitutionnelle, qu'ils sont trop humbles dans leurs
souvenirs; qu'ils ont été jadis les possesseurs reconnus du territoire, de la liberté
et du pouvoir; qu'ils ont énergiquement
défendu leur situation supérieure contre
les rois qu'elle inquiétait et contre les peuples qu'elle opprimait; qu'ils n'ont suc-

combé enfin qu'après une longue résis-
tance, sous de persévérans efforts, et par
cette loi de la Providence qui emploie les
siècles à élever toujours un plus grand
nombre de familles et d'individus à ces
biens de la liberté et de l'égalité légitimes
que, dans l'enfance des sociétés, la force
avait rendus le privilége de quelques-
uns.

Je suis contraint cependant de rappeler
quelques faits.

Durant plusieurs siècles après la con-
quête des Gaules par les peuples germains, la nation politique, la nation libre
et maîtresse fut uniquement composée des
conquérans, des Gaulois puissans et riches
qu'ils avaient reçus parmi eux, des évê-
ques et du haut clergé dont l'influence
allait toujours croissant. Ces classes seules
paraissaient aux assemblées nationales ;
elles y venaient à titre individuel et en
vertu de leur propre droit. La masse des
habitans, dispersée dans les campagnes
ou réfugiée dans les villes, n'avait nulle
existence politique, et subissait la servi-

tude, ou ne songeait qu'à se défendre contre le pillage et l'oppression.

Le temps, l'industrie, le commerce, le christianisme, les essais d'ordre enfin qui sont une nécessité de l'état social, rendirent à la population vaincue un peu plus de sécurité. Les villes se peuplèrent et s'enrichirent. Dès qu'elles se sentirent quelques forces, elles les employèrent à se faire reconnaître quelques droits. Ces droits ne s'étendirent pas d'abord hors de leurs murailles ou de leur banlieue. Elles conquirent, achetèrent ou obtinrent, soit des rois, soit même des seigneurs, les libertés municipales. Ce n'était pas encore là l'entrée dans la nation politique; mais c'était un pas fait pour y monter. Peu à peu les bourgeois sortirent des villes et prirent part aux affaires générales de l'État. Quelques-uns parurent, comme députés de leurs concitoyens, dans les assemblées nationales. Ce droit fut successivement accordé à un plus grand nombre de communes, devenues riches et puissantes. Les habitans des campagnes n'y arrivèrent que plus tard. Les rois favorisèrent ce mouvement ascendant d'une population qui, pour s'affranchir d'une domination plus rapprochée et plus oppressive, se prêtait volontiers à soutenir ou étendre leur pouvoir. Pressée d'échapper au joug des maîtres qui couvraient le sol, réduite à n'attendre l'ordre et une sorte d'égalité que du triomphe d'une autorité concentrée, cette population s'inquiéta peu de savoir si, après avoir secoué la tyrannie féodale, elle se trouverait en possession de la liberté politique. Elle faisait la guerre à l'aristocratie; et les nécessités de cette guerre étaient trop urgentes pour qu'elle s'effrayât de concourir en même temps à fonder le pouvoir absolu de la royauté.

Ainsi s'est créé le tiers-état, nation vraiment nouvelle, car elle ne faisait point partie de la nation qui a donné son nom à la France; nation vraiment conquérante, car elle s'est conquise elle-même sur ses anciens maîtres. Un temps a été où elle n'était point; elle a pris naissance sous un autre peuple qui avait des lois, des droits, des libertés, des affaires, toute une existence politique où elle n'entrait pour rien. Elle s'est étendue, elle a grandi au milieu de cette société supérieure dont elle était enveloppée, et qu'elle affaiblissait, déplaçait, usait par le seul effort de son développement. On peut marquer son origine, compter ses victoires et ses revers, mesurer ses progrès. Elle s'est faite ce qu'elle est devenue. C'est sous le règne de Louis XIV qu'elle parut avoir enfin conquis le repos.

A cette époque, la politique des rois changea, ou plutôt les rois cessèrent d'avoir une politique forte et déterminée. On ne peut pas dire qu'effrayés de la place qu'avait obtenue le tiers-état, ils essayèrent de combattre son influence et de renouer alliance avec les ordres supérieurs, pour se défendre en commun contre un nouvel ennemi. Louis XIV favorisa au contraire l'industrie, le commerce et tous les progrès de l'égalité civile. Tandis que, s'entourant de la noblesse et créant une cour, il donnait à son royaume une apparence aristocratique pleine d'éclat, on ne le vit point tenter de fortifier l'aristocratie, et de l'opposer comme barrière aux envahissemens d'un esprit nouveau dont il ne soupçonnait pas la naissance. C'est un phénomène très - singulier et presque sans exemple, que le triomphe et le règne paisible du pouvoir absolu au moment même de la plus brillante gloire et du plus rapide développement d'une grande société. Tel a été l'état de la France dans les deux derniers siècles. L'ancienne nation politique avait disparu. Le tiers-état, loin de prendre sa place, avait perdu lui-même son influence publique dans les affaires, et la hardiesse de son langage avec une bonne part de ses libertés. Cependant, loin que la société fût en décadence, elle croissait en richesses, en lumières ; elle poursuivait avec succès tous les genres de développement et de prospérité. Et, par une conséquence fort naturelle de l'état général des choses, c'était le tiers-état presque seul qui marchait ainsi en avant, s'enrichissant, s'éclairant, acquérant chaque jour plus de force et d'importance. Là seulement il y avait de la vie et tout ce qui assure l'avenir. La noblesse, oubliant ce qu'elle avait été, ne cherchait ni à ressaisir son ancienne existence, ni à s'en créer une nouvelle. Elle jouissait, dans l'éclat du monde et de la cour, des débris de sa situation, les défendant avec une hauteur pleine de légèreté et d'imprévoyance. Le gouvernement, ne prenant lui-même aucune part au mouvement qui s'opérait dans les réalités sociales comme dans les esprits, demeurait stationnaire et aveugle au point où l'avait laissé Louis XIV. C'est la triste condition du pouvoir absolu d'être impuissant et stérile dans sa propre cause. Il ne lui est pas donné de marcher avec les temps, ni de se développer selon les nécessités de sa situation. Sa carrière est courte, et dès qu'il l'a parcourue il s'arrête. Il reste où il est placé, subsiste tel qu'on l'a fait, également incapable de retenir et de suivre une société en progrès. Aux approches de la révolution, la vieille aristocratie française et le système de gouvernement de Louis XIV se sont trouvés l'un et l'autre isolés et sans racines, en présence de cette nation nouvelle qu'ils appelaient encore le tiers-état, mais qui n'a pas tardé à montrer quel immense terrain elle avait conquis depuis l'époque où, sous ce nom, elle s'était introduite dans la France.

Elle a fait la révolution, comme un torrent long-temps amassé se fait son lit, quand on le lui dispute par de vieilles et fragiles digues. Elle a livré cette terrible bataille aux mêmes puissances auxquelles elle avait jadis, plus faible et moins exigeante, arraché de moins grandes concessions. Ce n'est point là une théorie ni une hypothèse; c'est le fait lui-même dans toute sa simplicité. Et ce fait, je le répète, loin qu'il y ait quelque mérite à le voir, il est presque ridicule de le contester. Le passé, le présent, la conduite de nos rois, les recueils de leurs ordonnances, les procès-verbaux des états-généraux, les discours prononcés à la tribune de nos assemblées, le langage et les passions des partis, l'émigration, les pro-scriptions, nos erreurs, nos crimes, le code civil, la charte, tout le révèle, tout le proclame avec une telle évidence, qu'il y a vraiment une puérilité peu commune dans la tactique des hommes qui essaient maintenant de le nier. Il faut que leur situation au milieu de la France soit bien embarrassée pour qu'ils aient recours à de tels artifices. Et qui vous a dit que vous êtes des Germains et que nous sommes des Gaulois? Vous seuls avez parlé des *armes pesantes* des Francs, comme d'un sujet d'orgueil pour vous-mêmes; et nous avons ri de cette prétention généalogique (1). Oui, sans doute, depuis long-temps il n'y a plus ni Francs ni Gau-lois. Mais jusqu'à nos jours, il y a eu, parmi les Français, des ordres privilé-

---

(1) « Quand on vous aura remis les armes vendéennes, » disait M. de Châteaubriand en 1819, qu'en ferez-vous ? » ce sont les armes de vieux Francs, trop pesantes pour » votre bras. » (*Conservateur,* juillet 1819, tom. IV, pag. 252.)

giés, héritiers fort déchus, j'en conviens, de la situation des anciens vainqueurs. Jusqu'à nos jours, les Français non privilégiés ont lutté pour substituer au privilége, apanage exclusif de quelques-uns, le droit, bien commun à tous. Vous nous parlez toujours de riches et de pauvres, de propriétaires et de prolétaires. Vous voudriez bien rabaisser la révolution à ce funeste et honteux débat. J'hésite à redire ce qu'on a dit, ce que vous avez dit vous-mêmes cent fois. A coup sûr, vous ne voulez pas que nous imputions encore la Saint-Barthélemy à la religion et les maux du régime féodal à tout ce qui s'appelle noblesse. Laissez-nous donc renoncer à cet aveuglement de l'esprit de parti qui s'obstine à ne jamais voir les questions et les faits dans leur ensemble, qui n'en prend que ce qui le flatte, et méconnaît tout ce qui l'offense. Savez-vous pour qui il est le plus dangereux de maudire la révolution toute entière, de ne pas souffrir qu'on y fasse le départ du bien et du mal, des bons principes et des erreurs, des résultats excellens et des écarts déplorables? Le temps est venu de la considérer sous un point de vue élevé, et de l'épurer en la gardant. Imprudens, qui nous troublez dans ce travail, c'est à vous surtout qu'il doit être salutaire. La révolution a prouvé contre vous sa force. Laissez – lui apprendre qu'elle peut maintenant, sans péril, être juste et sage. Ce n'est pas en la calomniant qu'on peut la calmer. La France nouvelle ne consentira point à se tenir pour déshonorée. Elle n'a pas tant vaincu et tant souffert, pour recevoir de vous un insultant pardon. Qu'elle sache avec équité et le bien et le mal qu'elle a fait ou laissé faire. Voulez-vous qu'elle reconnaisse ses erreurs ? adoptez avec elle les vérités qu'elle chérit. Voulez-vous qu'elle ne retombe plus dans les mêmes fautes ? ne lui contestez ni ses vertus ni sa gloire. L'accuser vous sied peu et vous sert encore moins.

Et que vous demande-t-on, à vous qui avez si long-temps possédé toutes ces supériorités exclusives que vous n'ayez pu garder? Prétend-on que vous abdiquiez le privilége au profit de privilégiés nouveaux? Vous somme-t-on de prendre à votre tour une condition inférieure et subordonnée? Veut-on écrire dans les lois que les bourgeois seront seuls exempts de tel impôt, jouiront seuls de tel avantage, que nul ne pourra être colonel, courtisan ou magistrat, s'il ne prouve sa roture? Grâce à Dieu, la justice politique s'est élevée au-dessus de la loi du talion; les vaincus émancipés ne réclament point la succession des anciens vainqueurs. Ce qu'on vous demande, c'est d'accepter l'égalité qu'on vous propose. Le peuple nouveau a secoué le privilège, non pour vous l'imposer, mais pour vous offrir le droit. C'est la nature sublime du droit que, là où il règne, tous le possèdent également; il ne s'attribue ni se refuse spécialement à personne; il n'aspire qu'à se communiquer et à se répandre; il se présente et se donne à tous ceux qui se montrent disposés à le recevoir. C'est dans le sein du droit, et là seulement, que peut venir s'abîmer cette distinction de deux races, de deux peuples, qui faisait jadis votre orgueil parce que vous étiez forts, et qui maintenant vous effraie parce que vous vous sentez faibles. Eh bien ! puisque vous êtes faibles, consentez à devenir les égaux des forts. C'est nous qui voulons qu'il n'y ait plus ni vainqueurs ni vaincus. Nos principes seuls ont la vertu de ne faire en France que des Français. Vous nous accusez de rappeler cette lutte terrible où vous avez enfin succombé. Nous cherchons, dites-vous, à entretenir des sentimens haineux et la division des citoyens. Quoi! vous nous ordonneriez d'oublier notre histoire, parce que sa conclusion vous a été contraire! Vous, les apôtres du passé, vous qui défendez avec tant d'ardeur la mémoire des siècles où vous étiez puissans, vous qui prononcez un arrêt de mort contre toute société qui abdique ses pères, vous ne nous permettez plus de savoir que les nôtres formaient le tiers-état quand les vôtres étaient la chevalerie ? Souffrez que nous

opposions aux souvenirs qui vous enor-
gueillissent les souvenirs qui nous in-
struisent. Ce n'est pas nous qui redeman-
dons le passé, mais nous ne saurions
consentir à méconnaître ses leçons. La
révolution avait reçu de lui deux peuples;
la France nouvelle n'en veut plus qu'un.
C'est à vous de savoir si vous y voulez prendre une place qui, franchement acceptée
et occupée sans hostilité, ne sera inférieure à aucune autre.

Mais on dit que j'ai abusé des mots,
que je n'ai pris nul soin de les définir, que
toutes ces expressions : *la révolution, la
contre-révolution, la France nouvelle,
l'ancien régime, le privilége, le droit, la
charte*, n'offrent qu'un sens vague, dou-
teux, sont susceptibles des interprétations
les plus diverses, et n'autorisent ainsi aucune des conséquences que j'ai voulu en
tirer.

Je dirai d'abord que je n'en crois rien,
et que, de toutes les objections qui m'ont
été faites, celle-là me paraît la moins sin-
cère. Les termes que je viens de rappeler

ont, j'en suis convaincu, pour ceux-là même qui se plaignent de leur obscurité, un sens très-précis, très-clair, et chacun, en les entendant, sait aussitôt de quoi il s'agit. Ces termes, par la puissance des événemens et l'importance des idées qu'ils réveillent, sont devenus, pour ainsi dire, de véritables noms propres qui posent nettement les questions, et désignent, à ne s'y point tromper, les élémens dont elles se composent. C'est même pour cela que je m'en suis servi sans périphrase, afin d'être simple et d'aller au fait. Cependant il n'importe ; puisqu'on veut croire que des explications sont nécessaires, je les donnerai volontiers, et je dirai sans détour quel sens a eu et conservé dans ma pensée chacune de ces expressions.

Parce que la révolution a offert dans son cours une multitude d'actes contraires aux principes qu'elle professait ; parce qu'elle a été souvent cruelle en prêchant la philanthropie, oppressive en proclamant la liberté ; parce qu'elle a amené des conséquences qui démentaient ses promesses, et enfanté des faits que n'avaient prévus ni voulus ses premiers auteurs, on somme ceux qui la défendent aujourd'hui de dire enfin ce qu'elle est, et comment ils adoptent, en se bornant à le nommer, un événement si peu semblable à lui-même, qui se présente sous tant d'aspects, et en laisse voir de si hideux.

Ceux qui font cette objection pourraient la pousser beaucoup plus loin. Ce n'est pas à la révolution seule qu'elle s'applique. Le monde entier peut la subir. L'homme lui-même, le simple individu, cette nature si *ondoyante* et si *diverse*, selon l'expression de Montaigne, qui dira ce qu'elle est, et la mettra d'accord avec elle-même? Les idées les plus incohérentes, les sentimens les plus contraires, s'y mêlent et s'y troublent sans cesse; l'homme veut et ne veut pas; il croit et agit contre ses croyances; ses intérêts le jettent loin de ses opinions; ses passions le poussent hors de ses intérêts. Les événemens les plus imprévus, les actions les moins conséquentes, remplissent sa vie et le promènent de vicissitude en vicissitude. Et cependant, à travers ce qu'on appelle les incohérences de sa nature et les hasards de sa destinée, l'individu reste le même, avec son esprit, son caractère, l'ensemble de ses dispositions, et le degré d'estime ou de blâme que méritent les principes dominans et la tendance habituelle de sa conduite. Une certaine unité, profondément cachée, préside à son être. Il se modifie sans s'abdiquer, se contredit sans se démentir. C'est toujours lui, tel que l'ont fait les lois de sa nature et les circonstances de sa situation; et le philosophe qui s'étonne le plus de toutes les contradictions de l'homme, ne songe pas à nier son identité et la permanence de ce centre autour duquel viennent se grouper des élémens si divers.

Tel l'homme, tels les événemens qui sont l'œuvre de l'homme. Ils n'ont point sur leur auteur le privilége d'être simples, harmonieux et purs. La vérité et l'erreur, le bien et le mal, s'y rencontrent et s'y combattent; et lorsque cette lutte éclate au grand jour; lorsque les opinions, les intérêts et les passions prennent publiquement les armes et se disputent la société ébranlée, la mêlée devient si vive et si obscure qu'il est difficile d'en démêler d'abord la nature et la tendance. Cependant cette même unité, qui existe toujours dans l'homme, se maintient aussi dans les grands événemens. Il n'en est aucun qui ne dérive de certains principes, ne porte un certain caractère général, et ne marche vers un but déterminé. Que serait donc l'histoire, si ses diverses époques, en dépit des fluctuations et des déviations qui les ont agitées, ne se résumaient ainsi sous quelques idées supérieures qui les dominent, et dans quelques grands résultats qui les distinguent? Et que fait-on tous les jours, sinon reconnaître et appliquer cette vérité dans le jugement qu'on porte sur les siècles et les faits qui les ont remplis? S'il en était autrement, de quel droit regarderait-on comme glorieux ou honteux, heureux ou déplorables, les différens âges du passé? Chaque période, chaque secousse de la vie du genre humain, a, pour ainsi dire, son point culminant, où réside et où il faut chercher son véritable caractère. C'est ce caractère qui donne la définition réelle et prononce sur les conséquences générales de tels événemens. Leur immensité n'en admet point d'autre.

Ainsi considérée, la révolution française est en effet un événement qui a son unité, son principe, son but, et qui, malgré toutes les faces qu'il a offertes, toutes les routes où il s'est égaré, n'a pas changé de point de départ, ni cessé de poursuivre son dessein. Mettez en lumière toutes ses erreurs, prouvez toutes ses fautes, recherchez et entassez tous ses crimes; qu'en voulez-vous faire? Apparemment vous ne les recueillez que pour la maudire, pour démontrer qu'elle a été une longue folie et un grand malheur. Eh bien! du même droit que vous résumez une partie des faits pour en tirer une conclusion générale, j'entreprends non le travail contraire, mais un travail analogue. Je suis plus généreux que vous ; je ne veux rien méconnaître de la révolution ; je ne prétends la décharger de rien. Je la saisis toute entière, ses vérités et ses erreurs, ses vertus et ses excès, ses triomphes et ses revers ; et, vous ôtant le droit de m'imputer un silence partial, j'interroge la révolution dans son ensemble ; et je dis à mon tour qu'elle a voulu l'égalité, c'est-à-dire, la justice pour tous ; la liberté, c'est-à-dire, la soumission de tous à des lois conçues dans l'intérêt de tous, et qui ne demandent à nul citoyen plus de sacrifices qu'à un autre, ni à aucun individu plus de sacrifices que n'en exige le bien commun de la société. Vous me direz qu'elle a violé la justice, opprimé la liberté. Je vous dirai oui ; j'entrerai même avec vous, si cela vous convient, dans l'examen des causes de ces funestes écarts. J'irai plus loin ; je vous accorderai que le germe en était déposé dans le berceau même de la révolution ; je répéterai avec vous qu'elle a dû être, qu'elle a déjà été punie de ses fureurs ; je proclamerai plus haut que vous qu'elle doit s'en séparer pour se posséder pleinement elle-même et jouir en paix de ses légitimes victoires. Et, quitte alors envers vous, je demeurerai dans ce point de vue où vous ne pouvez souffrir qu'on s'établisse, et je dirai encore que la révolution, amenée par le développement nécessaire d'une société en progrès, fondée sur des principes moraux, entreprise dans le dessein du bien général, a été la lutte *terrible, mais légitime,* du droit contre le privilége, de la liberté légale contre l'arbitraire ; et qu'à elle seule il appartient, en se réglant, en s'épurant, en fondant la monarchie constitutionnelle, de consommer le bien qu'elle a commencé et de réparer le mal qu'elle a fait.

Maintenant, voulez-vous savoir ce que j'entends par la contre-révolution ? Il me sera facile de vous le dire. C'est le retour plus ou moins prompt, plus ou moins direct, plus ou moins absolu, à l'état de choses qui existait avant 1789, soit dans l'organisation des pouvoirs politiques, soit dans la constitution de la société elle-même. Vous protesterez; vous vous écrierez que nul n'y songe, que nul ne rêve la possibilité d'un tel dessein. Je vous répondrai qu'il importe peu qu'on n'y songe pas si on y est poussé, et qu'on n'y puisse pas arriver si on y tend. Y a-t-il donc dans ce monde autre chose que des tendances ? Nous n'ignorons pas que la contre-révolution est impossible; nous savons même que, dans vos efforts, vous ne vous proposez point un résultat complet, un but déterminé. Mais nous savons aussi, à n'en pouvoir douter, que l'égalité dans le partage des successions vous déplaît, et que vous regrettez les substitutions et le droit d'aînesse. Nous savons qu'à la libre concurrence de l'industrie vous préférez les jurandes et les maîtrises. Vous nous avez dit qu'il était bon que la noblesse et le clergé fussent des corps, c'est-à-dire des ordres, et qu'il serait sage de répandre le privilége au delà de la chambre des pairs. Vous vous êtes opposés à la formation d'une armée nationale, et à la loi qui donnait des garanties contre les envahissemens de la faveur. Nous vous avons vus constamment redouter l'influence de la propriété moyenne, où domine la bourgeoisie, et rechercher la prédominance factice de la grande propriété, où l'ancien régime compte plus de partisans. Enfin, toutes vos théories, toutes vos tentatives ont pour but de combattre les forces que la révolution a créées, et de ranimer celles qu'elle a combattues. C'est là ce que nous appelons la contre-révolution, la tendance à la contre-révolution; et nous ignorons si, après avoir obtenu tout cela, vous ne demanderiez pas davantage; et vous avez jadis si obstinément repoussé tant d'autres choses, bonnes selon nous, que nous sommes fondés à concevoir quelques doutes sur la limite de vos désirs.

Tel est le sens que j'ai attaché et que j'attache encore à ces mots dont on m'a reproché l'usage. J'ai employé concurremment ceux de *France nouvelle* et d'*ancien régime*, non-seulement parce qu'ils rendaient aussi ma pensée, mais encore parce qu'ils ne réveillent peut-être pas, avec la même vivacité, l'idée d'une division et d'un combat entre les citoyens. Moi aussi je déplore de voir se perpétuer nos dissensions; moi aussi je voudrais qu'on en pût abolir, je ne dirai pas la mémoire, mais la renaissance et les causes. Ce n'est pas avec un sentiment de joie que je parle de la guerre de ces intérêts qui se sont déjà si cruellement froissés. Elle est un mal très-douloureux, même pour les forts; et les termes qui en reproduisent l'image portent toujours avec eux une impression pleine de tristesse. Je consentirais donc bien volontiers à les voir écartés de la langue politique; car ils n'y pourraient tomber en désuétude sans être auparavant sortis des réalités. Ce fut le signe d'un pas vers la paix, en Angleterre, que de voir les Whigs et les Torys succéder aux Cavaliers et aux Têtes rondes. Mais quand les faits et les partis subsistent, il faut bien se résoudre à les appeler par leur nom.

On ne s'est pas contenté de me demander la définition de ces noms qui se rattachent à des faits très-réels et très-présens à tous les esprits. On a essayé d'engager une discussion où il est bien plus difficile de s'expliquer d'une manière complète, courte et simple. On ne comprend pas ce que je veux dire par les mots *privilége*, *droit*, *charte*. Je n'ai certes pas le dessein d'entrer ici dans le développement philosophique du sens de ces termes. Cependant je ne me refuserai point à dire ce qu'ils signifient pour moi.

Il ne tombe, je crois, dans l'esprit d'aucun homme sensé de nier les inégalités de capacité intellectuelle comme de force physique qui existent naturellement entre les individus. Ils sont tous de la même nature, et par-là pleinement semblables; mais les forces dont cette nature est douée ne sont pas réparties à tous dans les mêmes proportions; et, sous ce rapport, les hommes sont réellement inégaux.

Cette inégalité est la première et véritable source de l'inégalité sociale. Le pouvoir acquis sur les hommes et tous les moyens de l'acquérir, comme la richesse, l'habileté, la science, découlent originairement d'une supériorité naturelle qui s'est déployée et a porté ses fruits.

Mais cette inégalité, légitime dans son principe, a deux tendances qui ne le sont point. Et d'abord, elle ne tarde pas à vouloir s'étendre au delà de sa portée, c'est-à-dire, s'appliquer là où elle a cessé d'exister. Ainsi, les possesseurs de la force physique et des forces subsidiaires qu'elle crée ont dit : « Nous n'avons besoin ni d'instruction ni de lumières; non-seulement nous nous passerons de la supériorité intellectuelle, mais nous l'étoufferons ou nous l'assujettirons dans les autres ; nous aurons le privilége de l'ignorance, en conservant celui de la domination. » Ailleurs ou en d'autres temps, les possesseurs de la supériorité intellectuelle, les prêtres d'Égypte, par exemple, ont dit : «Nous devons l'empire à notre supériorité dans les sciences, les arts, dans tous les développemens de l'esprit ; nous empêcherons que d'autres n'acquièrent cette supériorité qui fait notre force; nous garderons le monopole de l'intelligence. » Le même phénomène s'est produit, sous diverses formes, dans toutes les sociétés.

Pour atteindre à leur but, les inégalités dont je parle n'ont qu'un moyen, c'est d'exclure les inégalités correspondantes ou diverses, mais aussi naturelles, qui pourraient s'élever auprès d'elles et partager ou disputer l'empire. Ainsi, ceux qui ont régné par la supériorité des armes ont voulu empêcher que leurs sujets ne s'exerçassent dans les armes, quelques dispositions qu'ils pussent avoir à y devenir forts à leur tour. Ceux qui devaient leur domination à la supériorité de l'esprit ont cherché à étouffer le développement des esprits. Les riches ont eu peur de voir les pauvres s'enrichir. Toutes les inégalités, originairement dérivées de certaines supériorités naturelles et de leur influence, ont déclaré la guerre à ces mêmes supériorités naturelles dont elle tenaient leurs titres, mais qui pouvaient donner ces mêmes titres à d'autres et leur créer ainsi des rivaux.

Ce n'est pas tout. Non contentes de s'étendre au delà de leur portée légitime, les inégalités formées de la sorte ont voulu se perpétuer, et se perpétuer sans condition, sans s'inquiéter de savoir si elles transmettraient le principe de leur origine en en transmettant les effets. Il a suffi qu'un homme fût puissant ou compté au nombre des puissans, quelle que fût la source de cet empire, pour qu'on décidât que ses descendans prendraient nécessairement place parmi les puissans, le seraient toujours, le seraient seuls. L'inégalité qui provenait de la supériorité a prétendu se léguer à travers les siècles, avec toutes ses conquêtes; et, pour soutenir cette prétention, il a fallu encore, par la violence des actes ou l'iniquité des lois, réprimer l'énergie de toutes les supériorités naturelles qui pouvaient germer ailleurs et réclamer aussi leur place.

Ainsi est né le privilége. Ce qui le constitue, c'est l'extension mensongère et illégitime, soit dans l'espace, soit dans le temps, de la supériorité réelle qui lui a donné naissance. Le privilége, dès ses premiers pas, renie son origine et combat son principe. Il se déclare l'ennemi de l'inégalité naturelle qui fut son berceau, et le protecteur d'une inégalité factice dont il s'efforce d'atténuer la fausseté, en s'opposant au libre développement de l'inégalité véritable qui la ferait éclater. Le caractère essentiel du privilége, c'est l'illégitimité, l'usurpation.

Il usurpe le droit, apanage divin que l'homme a reçu du souverain auteur. Il y a des droits que tout homme possède par cela seul qu'il est homme, qui appartiennent à tous en vertu de la similitude de notre nature. Tels sont les droits intérieurs de la liberté de conscience, et la plupart des droits qu'on nomme civils, comme le droit de propriété et tous ceux qui en découlent légitimement; en un mot, le droit de ne subir, dans tout ce qui se rapporte à l'existence individuelle, aucune injustice, soit de la part d'un autre homme, soit de la part de la société. Ce droit-là est égal et le même pour tous. Il y a de plus des droits inégaux et qui se distribuent selon les inégalités naturelles qu'il plaît à la Providence d'établir entre les hommes. Le droit des individus à concourir aux diverses fonctions du pouvoir, ou à toute action générale qui influe sur telle ou telle partie de la société, est de cette sorte. Il n'est point universel ni inhérent à la qualité d'homme. Il est subordonné à la capacité des individus, naît avec elle, se légitime par elle, et se mesure par les degrés du développement intellectuel et moral, et des influences naturelles. Mais, pour être inégaux, les droits de ce genre n'en sont pas moins sacrés. Ils sont si réels que, là où ils existent, ils passent presque aussitôt dans le fait, et donnent, à peu près partout, l'explication de l'origine du pouvoir. Ils sont si forts qu'on ne peut les méconnaître long-temps sans introduire dans la société des causes d'agitation et de guerre. Ils sont si respectables que de leur maintien, de leur libre exercice, dépendent les progrès et l'amélioration successive du genre humain. Par une dispensation admirable, la Providence a lié l'honneur et le sort du monde au développement des inégalités naturelles qu'elle jette dans son sein. Elle n'a pas fait les supériorités pour qu'elles demeurassent impuissantes et stériles. Elle les place au milieu de nous pour l'éducation et l'anoblissement des autres hommes, pour l'élévation générale et la gloire commune de notre nature. Entraver ce principe d'activité et d'ascension, étouffer ces inégalités naturelles et vraies, pour leur substituer des inégalités factices et fausses, c'est méconnaître la volonté de Dieu et porter sur son œuvre une main profane.

C'est ce que fait le privilége. Il a ce vice singulier d'offenser, d'attaquer à la fois et les droits inégaux qui dérivent des inégalités naturelles, et les droits égaux que confère à tous une nature semblable. Pour se défendre contre les premiers, il est forcé d'empiéter sur les seconds. Pour se maintenir en possession d'une richesse prépondérante, il faut qu'il introduise l'injustice dans le partage des successions. Pour conserver la propriété exclusive du pouvoir, il faut non-seulement qu'il se méfie des intelligences supérieures, mais encore qu'il trompe et asservisse tous les esprits. La véritable inégalité et l'égalité légitime lui sont pareillement odieuses. Comment donc nous parle-t-on sans cesse et des inégalités nécessaires et des supériorités respectables ? Ce n'est pas vous qui les respectez, qui les maintenez. Vous les méconnaissez au contraire, vous les opprimez. Vous portez l'inégalité où l'égalité doit régner ; vous la repoussez, vous la combattez où elle doit demeurer puissante et libre. Nous sommes ses vrais défenseurs ; nous vous demandons de la laisser où Dieu l'a faite. Vous prétendez nous imposer la vôtre.

Que l'on compare les deux systèmes ; qu'on mette d'une part le privilége répandu dans la nation sous le nom d'aristocratie, constitué dans l'ordre civil sous celui de substitutions et de partage inégal, dans l'ordre industriel sous celui de corporations et de jurandes ; que de l'autre part on place le droit distribué selon les capacités, et la libre concurrence ouverte à toutes les capacités dans toutes les carrières; et qu'on juge de quel côté est le respect de l'égalité en tant qu'elle est juste, de l'inégalité en tant qu'elle est vraie.

Je m'arrête. Au sujet de deux expressions, j'ai été obligé de rappeler quelques principes. C'était le seul moyen de faire bien connaître ma pensée. Je suis loin de prétendre avoir prévu et résolu d'avance toutes les difficultés. Elles sont grandes en cette matière. Il en est une seule sur laquelle j'ai besoin d'ajouter quelques mots. On me dira que je parais condamner absolument tout privilége, et que cependant il en existe dans notre constitution, dans notre société, dans toute société humaine. Je le sais et suis fort loin de m'en plaindre. Il est de l'essence d'une grande société, qui s'étend et se complique chaque jour, de créer un certain nombre de situations très-élevées dont la présence lui est fort utile, et qu'elle a besoin de fixer pour les soustraire à la lutte des passions et à la mobilité des choses humaines. Dans les devoirs imposés au gouvernement, il en est qui nécessitent la permanence d'une partie des forces qui y concourent. Si ces forces ne sont placées dans une région calme et sûre, il y a bientôt lacune, désordre, combat au sein de la société. Loin donc que l'hérédité des trônes, les priviléges de la pairie, ceux dont jouissent les députés eux-mêmes, me semblent contraires au principe général du droit, je les crois très-propres à garantir le droit, et destinés à en assurer le respect. Ainsi concentré au sommet de l'ordre politique, dans les mains d'un petit nombre d'individus, appliqué à de hautes fonctions du gouvernement, le privilége n'est plus qu'une puissance salutaire. L'habileté et la bonté des institutions consistent alors à le bien circonscrire, à déterminer positivement sa destination avec son origine, et à lui imposer en même temps, par la nécessité de son concours avec des forces politiques d'une autre nature, des conditions telles que, dans son influence sur le sort des peuples, il soit constamment obligé de remplir sa mission sans pouvoir la dépasser. C'est l'effet du gouvernement représentatif. Le roi est inviolable sous la condition d'avoir des ministres responsables. Les pairs sont héréditaires, sous la condition de la prérogative royale qui peut en augmenter indéfiniment le nombre, et qui s'exerce elle-même sous la responsabilité des ministres. Les députés ne peuvent être arrêtés pendant la session et n'ont aucun compte à rendre de leur conduite, parce que des élections périodiques et le droit de dissolution sont là pour les contenir. Telle est la puissance de ces combinaisons, que le privilége demeure contraint de s'arrêter à la limite du danger, et de se légitimer, pour ainsi dire, chaque jour, en ne cessant jamais de procurer à la société les avantages qu'elle a cherchés dans son institution. Tel qu'il existait dans les anciennes monarchies européennes, il était non-seulement prodigué hors de place et de mesure, mais encore livré en quelque sorte à lui-même, et libre de s'écarter toujours davantage des causes naturelles qui lui avaient donné naissance. Tel qu'il existe dans la monarchie constitutionnelle, d'une part, il n'est placé que là où il peut servir; de l'autre il est incessamment contrôlé et ramené, par les forces mêmes qui le contrôlent, à son point de départ, au but de son admission. Reçu dans la société, au nom de l'intérêt social, il vit sous l'empire d'une nécessité qui ne lui permet pas d'oublier ce qui fait la loi de son existence.

Je le répéterai donc avec la plus ferme conviction. La charte a proclamé le triomphe du droit sur le privilége, et le privilége lui-même ne s'y montre qu'au service du droit. Si, après cela, on me demande encore ce qu'est la charte, je me permettrai une réponse fort courte. La charte, c'est le gouvernement représentatif tout entier, avec tous les principes qui le légitiment et le contiennent, avec toutes les conséquences qu'il renferme lui-même dans son sein. On n'attend pas sans doute, que j'essaie d'exposer ici ce grand

44

système, tel qu'une expérience, encore incomplète peut-être, me paraît le révéler à la raison. Il se livre à la dispute des hommes et fera son chemin à travers leurs débats.

Il me reste peu de choses à dire, et elles n'ont aucun rapport avec celles dont je viens de parler.

On m'assure que les ministres, en blâmant mon ouvrage, ce qui est fort simple, ont répété que je n'aurais pas dû le publier, et qu'il ne convenait pas à un homme qui a rempli des fonctions publiques, de *traduire en public* (je me sers à dessein de cette expression) les hommes et les actes dont il a été le témoin. Cette idée a droit d'étonner tout homme de sens. Si mon âge me permettait l'honneur d'appartenir à la chambre des députés, et si j'y avais été appelé par le suffrage de mes concitoyens, sans doute on n'exigerait pas qu'en voyant adopter un système d'administration opposé à celui qui me paraîtrait bon et que j'aurais toujours cherché à faire prévaloir, je demeurasse dans l'inaction et le silence. D'où viendrait, pour le simple citoyen, une règle différente? Ai-je publié des faits inconnus et commis à ma discrétion? Ai-je puisé dans mes souvenirs de quoi exciter une curiosité maligne? Je l'aurais pu; je ne le devais point; je m'en suis rigoureusement abstenu. Je n'ai parlé que sur des faits publics, qui l'ont toujours été, qui ont toujours dû l'être. Cette politique est la seule qui mérite qu'on s'en occupe. Telle est la vertu de nos institutions, que la partie mystérieuse du gouvernement n'a plus ni importance réelle, ni véritable intérêt. Tout ce qui doit attirer l'attention des citoyens, tout ce qui influe sur nos destinées, hommes et choses, tout est patent, tout est là; et tout est là pour être vu, pour être jugé. Je sais que la faiblesse humaine redoute la lumière, et que l'orgueil humain s'indigne d'un jugement. Mais est-ce donc au profit de la faiblesse et de l'orgueil que le gouvernement représentatif est institué? Il les condamne, au contraire, à se laisser toucher et manier.

Pour ma part, je suis certain de ne m'en être approché qu'avec beaucoup de ménagemens. La justice, aussi-bien que la convenance, m'a paru l'exiger. Mais à mesure que l'influence de nos institutions s'étend et nous pénètre nous-mêmes, il faut que le pouvoir se résigne à être observé de plus près et sondé plus avant. C'est sa condition d'être chaque jour mieux connu, et obligé à plus d'habileté et de sagesse. C'est aussi notre meilleure garantie. Le public n'acquerra pas plus d'expérience et de lumières, pour épargner aux hommes publics les épreuves de la publicité.

Si, pour légitimer la franchise de mon langage, j'avois eu besoin d'un autre droit que celui de la liberté constitutionnelle, j'aurois eu celui des opinions que j'ai professées et de la conduite que j'ai tenue dans les diverses situations où j'ai été placé de 1814 à 1820. On ne m'a vu, en aucune occasion, ménager le parti que je combats. Sa constante inimitié le prouve. Il affecte maintenant de dire que j'ai cherché

de nouveaux amis; et il m'attaquait alors avec la même violence, me reprochant également mes amis et mes opinions. Je ne mérite et n'essuie aujourd'hui de sa part aucun reproche nouveau. Je ne mérite pas davantage les éloges que quelques personnes ont bien voulu donner à ce qui leur a paru, dans ma conduite actuelle, un retour au parti national. Devenu étranger aux affaires, et embrassant, en public, la défense des principes et des intérêts constitutionnels, je continue simplement ce que j'ai toujours fait, auprès du pouvoir, selon la mesure d'influence qui m'était accordée. J'ai eu soin de l'indiquer dans mon ouvrage même. En disant que, jusqu'en 1820, « malgré tant d'er-
» reurs, de fautes, d'omissions graves,
» le gouvernement avoit vu ses alliés
» dans le peuple de la charte, ses adver-
» saires dans le peuple du privilége; et
» qu'en 1820 s'était opéré le grand, le
» véritable changement de direction et
» d'alliances, » j'ai dit comment et pourquoi j'avais pu et voulu, jusqu'en 1820,

servir le système qui me paraissait suivi, bien qu'incomplétement adopté. Depuis lors ma position seule a changé. Les conséquences de ce changement sont faciles à reconnaître. Le fonctionnaire et le simple citoyen peuvent embrasser et soutenir la même cause; mais leur activité, en se réglant d'après les mêmes principes, et se dirigeant vers le même but, ne s'exerce ni dans la même sphère, ni par les mêmes voies. L'un s'adresse au public pour influer sur le gouvernement; l'autre s'applique à faire prévaloir dans l'intérieur du gouvernement les intérêts et les idées dont il désire pareillement le triomphe. Il arrive par-là, je le sais, surtout au sortir des troubles civils et du despotisme, et par l'effet des incertitudes du pouvoir comme des méfiances du public, que les intentions et les efforts du fonctionnaire sont imparfaitement connus au dehors. Et alors si, sa situation venant à changer, il retrouve à son tour les moyens d'action du citoyen, on est enclin à supposer aussi quelque altération dans une conduite qui se manifestait avec moins d'évidence, ou dans un langage qui s'adressait à d'autres. Cela est fort naturel, et nul n'a droit de s'en étonner ; mais, en ne s'étonnant point de l'erreur, il ne la faut point accepter. Je me dois donc à moi-même de répéter ici qu'ayant porté dans les affaires les opinions que je professe, elles m'y ont fait rester comme elles m'en ont fait sortir. Je n'ai point la prétention de ne m'être jamais trompé. J'ai la certitude d'être toujours demeuré fidèle et à la cause qui me paraît celle de la France, et à mes amis. Dans les diverses phases de la carrière publique, c'est là tout ce qu'on peut se promettre : c'est aussi ce dont rien ne peut dispenser.

NOTE III.

A Peine six semaines se sont écoulées depuis que j'écrivais ce chapitre sur l'état actuel de l'Europe, et dans ce court intervalle, les trois grands événemens qui excitent tant d'espérances et de craintes, ont pris une consistance toute nouvelle, sans que leur développement si rapide ait subi aucune fâcheuse déviation.

L'énergique harmonie qui s'est manifestée entre les cortès et le gouvernement d'Espagne lors des troubles causés à Madrid par l'arrivée du général Riego, s'affermit chaque jour. L'adhésion des provinces et la répartition des suffrages dans l'assemblée en révèlent les effets. Les mesures prises au sujet des sociétés populaires indiquent la ferme intention de ne point tolérer le désordre, quelque nom et quelques droits qu'il prétende usurper. Les actes essentiels des pouvoirs souverains offrent les caractères d'un gouvernement qui travaille à se constituer, et non d'une société qui tend à se dissoudre. Rien n'annonce cette lutte fatale d'une cour intrigante, d'un ministère incertain, d'une assemblée superbe et d'une multitude enivrée, qui a troublé notre révolution dès ses premiers pas. Les changemens qui ont eu lieu en Espagne au sommet de l'ordre politique, s'étant opérés d'une manière complète et décisive, on ne voit pas la division et la guerre régner dans le sein des pouvoirs constitutionnels qui, d'autre part, ne se montrent point disposés à subir eux-mêmes le joug de cette population extérieure, dont tous les droits doivent être reconnus et fondés, mais qui s'expose à les perdre, et commence la ruine de l'état, dès qu'on lui permet d'envahir les pouvoirs. Les nouvelles lois sur la liberté de la presse paraissent combinées avec prudence. Cependant le gouvernement et les cortès n'oublient point que pour consolider la révolution il ne suffit pas de prévenir ses écarts, qu'il faut encore poursuivre ses conséquences et lui donner des racines dans toutes les parties de l'ordre social; en même temps qu'ils veillent à ne pas se laisser emporter, ils marchent, ils avancent. L'impulsion n'est pas désordonnée, mais elle est certaine, et ne s'arrête point. Les décrets sur les majorats et sur les biens ecclésiastiques en sont la preuve. Je connais trop peu les faits pour apprécier avec certitude les mesures du gouvernement espagnol, et pressentir avec vraisemblance l'avenir de ce pays. Personne n'est plus convaincu que moi que de tels événemens se jugent mal à distance, et moins disposé à en parler avec une présomptueuse affirmation. Il y a tant d'inconnu et tant d'imprévu dans les affaires humaines! Mais jusqu'ici la marche de l'ordre nouveau en Espagne se présente sous un aspect beaucoup plus rassurant que ne l'avaient espéré même ses amis. Il serait admirable que les peuples qui veulent être libres, et les hommes qui veulent qu'ils ne le soient point, reçussent également de là de grandes leçons.

Quant au royaume de Naples, ce que j'en ai dit il y a un mois, et ce qui s'est passé depuis, m'oblige à quelques détails. Peu de jours après la publication de cet ouvrage, je reçus une lettre portant pour toute signature *le comte de…. italien*, et qui me reprochait, d'une manière aussi ingénieuse que polie, la défiance que paraissait m'inspirer la révolution de Naples comparée à celle d'Espagne. Je ne rapporterai point ici en entier cette lettre dont l'auteur s'est laissé aller, dans le rapprochement des deux événemens et des deux peuples, à quelques préjugés nationaux peu justes à mon avis. Mais je crois pouvoir en citer quelques passages qui ont pour objet d'indiquer les causes de la révolution de Naples, et de prouver qu'elle n'a point été l'œuvre de passions violentes ou d'intérêts particuliers, sans rapport avec l'état antérieur et général du gouvernement et du pays.

« Le fait est, Monsieur, m'écrit l'auteur de la lettre, » que, dans certaines parties de l'Italie, le besoin du » gouvernement constitutionnel était trois fois plus » grand qu'en Espagne, qu'il devait y éprouver moins

» d'obstacles, et qu'il y était plus universellement désiré.

» Savez-vous pourquoi toute l'Europe croit le contraire?

» Parce qu'il y avait hors de l'Espagne des bannis réduits

» au désespoir et qui parlaient sur leur patrie, et que

» n'y ayant point d'Italiens bannis et réduits au déses-

» poir, il n'y en a point dans l'étranger qui parlent et

» qui disent le tout sur leur pays. Tous les peuples sont

» affectés des maux généraux; il n'en est point qui le

» soient des maux individuels..... Mais en général, et

» abstraction faite des rigueurs individuelles, le gou-

» vernement de Naples était plus despotique que celui

» d'Espagne; les impôts étaient plus forts, la distribu-

» tion des emplois plus arbitraire, l'administration plus

» centralisée à Naples qu'en Espagne.... Il est certain,

» 1°. que Naples avait un besoin très-urgent d'une con-

» stitution; 2°. qu'on a bien fait d'adopter *provisoire-*

» *ment* la constitution d'Espagne, pour rallier les esprits

» à une règle fixe et connue. Il est faux qu'elle fût in-

» connue à Naples, puisqu'en 1814 elle avait été im-

» primée à Rome *en italien.* »

Je ne suis point en mesure de développer ni de discu-
ter ces observations; mais elles méritaient d'être rappor-
tées. Du reste, quoi qu'on puisse penser sur les causes
de la première impulsion, le gouvernement constitutionnel de Naples a marché, depuis cette époque, avec
une sagesse peu commune. Plus d'armée ni de général

dans une situation extraordinaire et presque indépendante. Le parlement s'est assemblé sans obstacle ni retard : cela seul est un grand pas. C'est dans le parlement que les forces de l'ordre nouveau peuvent venir se concentrer, s'élaborer, et recevoir une direction régulière. Tel est maintenant l'état des intérêts et des esprits, qu'une assemblée publique, conforme au vœu national, n'a pas besoin de courir après la puissance : celle que son existence seule lui confère est immense, et il lui suffit d'apprendre à en user. De tous les moyens de gouvernement que les siècles ont offerts aux princes qui ont voulu gouverner, aucun n'a été aussi énergique, et, j'ose le dire, aussi peu compliqué que le sont maintenant les assemblées. Il y a là de quoi prévenir ces fréquentes divagations, de quoi surmonter ces innombrables résistances qui, en d'autres temps, ont exigé et lassé, souvent sans succès, le courage des monarques les plus habiles. C'est un instrument qu'il faut accepter, j'en conviens ; mais le pouvoir qui saura le saisir et le manier y puisera, dans l'ordre politique, la même supériorité qu'a procurée l'artillerie, dans l'ordre militaire, aux armées qui l'ont possédée avant leurs ennemis. Tout semble indiquer que le roi de Naples et le parlement, loin de se combattre et de se nuire, marcheront ensemble au même but. On assure que la famille royale s'engage chaque jour plus fermement avec le nouvel ordre de choses, et que, si les peuples paraissent avoir compris combien la légitimité leur est bonne, la légitimité comprend, à son tour qu'elle peut s'enraciner dans une constitution avec solidité et avec honneur. La division et l'inimitié des classes, le plus fatal des principes qui puissent agiter une société, n'existe pas, dit-on, parmi les Napolitains. Enfin, l'affaire de la Sicile semble près de se terminer. J'ignore quels arrangemens auront lieu entre les deux pays ; mais certes, loin que l'Écosse ait rien perdu à son union avec l'Angleterre, elle a vu s'accroître, depuis cette époque, sa prospérité, son repos, et le vrai bonheur de ses habitans. Nous ne sommes plus au temps des petites souverainetés, des morcellemens de territoire, des agrégations méfiantes et incomplètes. Je suis loin de croire, en de telles occasions, aux bons effets de la violence. Ce n'est pas le régime de l'Irlande qu'il faut offrir aux peuples qu'on veut rallier. Mais, lorsque des peuples voisins qui vivent sous le même nœud politique ne sont appelés qu'à jouir en commun des mêmes droits, il est, je crois, de leur intérêt de s'unir étroitement : leur liberté y gagnera comme leur repos.

Toutes ces circonstances peuvent faire espérer que la révolution de Naples sera autre chose qu'une imitation inopinée et transitoire de celle d'Espagne, et qu'elle se consolidera sans de grands orages. La politique européenne, bien qu'encore obscure à ce sujet, semble se borner à de simples mesures de précaution. La dernière note de l'Autriche même l'indiquait. Les hommes qui désirent ardemment qu'on fasse la guerre aux constitutions montrent déjà moins de confiance; ils se consolent en disant qu'on tirera un cordon autour de Naples. Tous les peuples limitrophes tirent un cordon les uns autour des autres ; et, fût-il même gardé par des troupes, ce cordon s'appelait simplement autrefois une frontière. Qu'on lui donne pour quelque temps un nom nouveau, à la bonne heure ; mais j'ai peine à croire que les souverains de l'Europe s'obstinent à tenir ainsi hors la loi, et par de pures démonstrations, un pays tranquille, inoffensif, et qui vivra régulièrement sous ses lois nouvelles, dirigé par ses anciens souverains. Il faut dire à Naples, comme à l'Espagne, ce que le Christ a dit à ses disciples : « *Recherchez d'abord la sagesse, et le* » *reste vous sera donné par-dessus.* »

Je n'ai rien à ajouter sur le Portugal, sinon que l'œuvre y est consommée, pleinement en ce qui concerne le joug étranger, et autant qu'elle peut l'être, pour le gouvernement intérieur, en l'absence du souverain. Nulle révolution n'a été faite avec plus d'unanimité et moins d'efforts; nulle part n'ont éclaté, dans une plus belle harmonie, le besoin de l'indépendance nationale, le désir d'institutions libres, et la loyauté envers la famille des rois. Je ne reviendrai point sur ce que j'ai dit des sentimens et des idées que de tels événemens doivent inspirer à une politique clairvoyante. J'ai besoin seulement de répéter qu'à coup sûr la Providence n'a pas voulu écarter ainsi de leur origine les violences et les obstacles, pour donner ensuite à quelques hommes le droit de les faire servir au déchirement et à l'oppression des peuples.

FIN.

www.ingramcontent.com/pod-product-compliance
Lightning Source LLC
Chambersburg PA
CBHW051632060726
47597CB00004B/1537